AF246747

# EXPOSÉ

## DE LA CONDUITE

## DE M. SANTO-DOMINGO,

*COMMANDANT le vaisseau le Léopard, en station à Saint-Domingue.*

L'EMBARQUEMENT spontané de l'Assemblée Générale de Saint-Domingue, & son arrivée en France au milieu des agitations de cette révolution, ne sera pas l'évènement le moins frappant de ceux qui l'auront signalée ; mais ce qui rendra cet évènement intéressant aux yeux de l'humanité, ce sont les motifs qui l'ont décidé.

Comme le hasard m'a fait presque subitement le Commandant du vaisseau le *Léopard*, qui a porté en France l'Assemblée Générale, il est important que ma patrie, à qui je dois compte de ma conduite, sache l'apprécier, & je vais détruire, par une exposition claire

A

& précife des faits, l'injufte prévention que l'ignorance ou la malignité peuvent avoir élevé contre moi.

Dans l'expofé fuccinct de mes actions, depuis le moment que je fuis devenu le chef du vaiffeau, jufqu'à celui de mon arrivée en France, je promets franchife & loyauté. Ce font les deux qualités que l'on a droit d'attendre d'un militaire. Je ne demande qu'à être entendu & jugé d'une manière pofitive.

Il faut, pour remplir ma tâche, que je parvienne à prouver les quatre points principaux qui établiffent ma juftification de la manière la plus complette.

1.° Que j'ai dù me charger de la conduite d'un vaiffeau, dont le Capitaine lui-même déclaroit ne plus vouloir conferver le commandement.

2.° Que je ne pouvois, fans expofer la Colonie de Saint-Domingue aux plus grands malheurs, laiffer ce vaiffeau à la difpofition d'un des deux partis contre l'autre.

3.° Qu'en recevant à mon bord l'Affemblée Générale, qu'on difoit être l'occafion des troubles qui agitoient la Colonie, j'ôtois aux mal intentionnés, celle de les perpétuer.

4.° Enfin, que l'évènement a prouvé nonfeulement que j'ai dû agir ainfi, mais de plus qu'en me conduifant différemment, je ferois devenu responsable des désastres qui se préparoient dans la Colonie.

Le vaisseau le *Léopard*, sous les ordres de M. de la Galissonniere, commandoit nos forces navales à Saint - Domingue. Second Capitaine, j'étois occupé des détails que ma place m'imposoit, lorsque la révolution, qui s'opéroit dans la Colonie, comme en France, occasionna une division d'opinions, entre les habitans, le gouvernement & ses partisans, principalement dans la ville du Port-au-Prince où nous étions stationnés.

Les uns attachés à l'ancien gouvernement voyoient avec peine le nouvel ordre de choses que l'on vouloit établir, les autres persuadés que la régénération ne pouvoit s'opérer sans sapper les abus dans leurs principes, croyoient n'y pouvoir parvenir qu'en renversant l'ancien régime. De ce conflit d'opinion & de mouvement, la présence d'un vaisseau formidable dut inspirer nécessairement à chacun des deux partis le desir d'en être aidé contre les prétentions de l'autre.

Des fêtes & des repas furent donnés par M. Mauduit aux soldats du régiment du Fort-au-Prince, les Canoniers du *Léopard* y furent invités, & refusèrent constamment d'y prendre part. La vue des préparatifs hostiles que faisoit paroître le gouvernement, fit naître des inquiétudes parmi l'équipage du vaisseau, & la fermentation y fut extrême, lorsqu'il apprit qu'ils se dirigeoient contre les partisans de la nouvelle constitution.

M. de la Galissonniere crut devoir éloigner le *Léopard*, il se rendit à bord & donna l'ordre de mettre à la voile. L'équipage refusa d'obéir, alléguant que la ville du Port-au-Prince étant menacée, l'on devoit se servir des forces du vaisseau pour la secourir ; à quoi il fut répondu que deux partis divisoient la ville, celui de l'Assemblée Générale, dont les pas tendoient, disoit-on, à l'indépendance, & celui du gouvernement & de ses partisans, qui cherchoient à l'empêcher. Eh bien ! répondit l'équipage, *si tel est le projet de l'Assemblée Générale, il faut rester pour conserver la Colonie à la France.* M. de la Galissonniere, n'ayant pu décider l'équipage au départ qu'il proposoit, quitta le bord & se rendit à terre.

Le soir de ce même jour 29 Juillet 1790 je descendis à terre, afin de connoître plus particulièrement les intentions du Capitaine, & je me disposois à retourner à bord, lorsqu'il m'ordonna de rester & de coucher à terre. Surpris de recevoir un ordre contraire aux ordonnances, je demandai instamment à M. de la Galissonnière qu'il voulut bien me

le donner par écrit, pour juftifier mon obéiffance ; il me le promit fur fa parole d'hon-
neur, & me le donna le lendemain. Cette nuit du
29 au 30 Juillet eft remarquable par l'attaque
du corps-de-garde des citoyens, entreprife qui
avoit, dit-on, pour objet d'enlever quelques
membres du comité du Port-au-Prince, qui
tenoit fes féances au-deffus de ce pofte. Cette
attaque coûta la vie à plufieurs citoyens. A la
nouvelle de ce trifte évènement, l'inquiétude
& l'agitation furent portées à leur comble à bord
du vaiffeau. Le lendemain matin l'équipage en-
voya prier M. de la Galiffonniere & tous les
Officiers de revenir à bord.

Il me fit appeller, me dit qu'il n'iroit pas,
qu'il falloit que j'y fuffe, que fi l'équipage
vouloit rentrer dans le devoir tout étoit ou-
blié. Il demandoit de plus qu'on lui envoyât
les fix premiers maîtres ; mais les raifons de
défiance s'étoient accrues par l'expédition noc-
turne de M. Mauduit, Colonel du régiment du
Port-au-Prince, contre le comité, & l'équipage rejetta cette demande, foupçonnant qu'on
vouloit lui enlever fes chefs. L'avis général
fut de faire à M. de la Galiffonniere une fe-
conde fommation par écrit, de revenir prendre
fon commandement. Enfin, fur le refus réitéré
de M. de la Galiffonniere de recevoir la propofition qui lui étoit faite, l'équipage crut

† à laquelle j'ajouta
aussi mon invitation
particulière et pressau

devoir conférer le commandement à un autre Officier. C'eſt alors qu'il me pria très-inſtamment d'en prendre le commandement, & me nomma Capitaine. Que devois - je faire ? Refuſer, c'eut été accroître la fermentation, & l'on ſe repréſente aiſément les triſtes effets qui auroient pu en réſulter, ſur-tout à bord d'un vaiſſeau.

Mon devoir, comme ſecond du vaiſſeau, & l'intérêt de la choſe publique, m'obligeoient d'accepter ce poſte; en condeſcendant au vœu de l'équipage, je me propoſai de mettre la plus grande modération dans ma conduite.

Sur l'extrême deſir qu'ils me témoignèrent tous de retourner en France, j'y conſentis. J'allois ramener un vaiſſeau, dont la préſence loin d'être utile à la Colonie, ne faiſoit qu'entretenir les eſpérances ou les craintes du gouvernement & des habitans. M. de la Galiſſonniere lui-même ſentoit combien ce parti devenoit néceſſaire, puiſqu'il mandoit à M. le Tendre, Sous-Lieutenant de vaiſſeau, qu'il croyoit Capitaine, par le choix de l'équipage, de ramener le vaiſſeau en France, qu'il rendroit un ſervice eſſentiel à la Nation dont elle lui tiendroit compte. Ainſi placé entre les ordres du Capitaine & l'intention de l'équipage, qui s'accordoit à vouloir la même choſe, j'aurois, pour juſtifier mon

retour en France, les raifons de l'obéiffance, & la loi impérieufe de la néceffité. Une feule tentative militaire, un feul coup de canon de la part du vaiffeau, pouvoit déforganifer, dans un moment, la plus belle Colonie Françoife, livrée alors à toutes les fureurs de partis. L'éloignement du *Léopard* devenoit d'autant plus indifpenfable, qu'avec l'effervefcence qui régnoit dans les efprits, il eut été de toute impoffibilité qu'il eut confervé une neutralité parfaite. J'ordonnai donc d'appareiller, & auparavant je fis mettre les effets du Capitaine & des Officiers à bord d'une goëlette. J'allois y faire mettre auffi les papiers de M. de la Galiffonniere, l'équipage s'y oppofa. Mais à peine quittions nous la rade du Port-au-Prince, que l'équipage demanda hautement de paffer par Saint-Marc; j'y confentis, & c'eft cette démarche qui, aux yeux de mes accufateurs, eft devenue mon crime capital. Vous qui jugez les actions de vos femblables, voulez-vous être juftes? Commencez par vous tranfporter, en idée, dans la pofition & les circonftances où ils fe font trouvés, péfez dans la même balance les avantages & les inconvéniens du parti que vous auriez pris à leur place, & vous ne craindrez point, après la décifion, les reproches de votre confcience......
Or, je vous demande de qui tenois-je le

commandement du vaiffeau ? de l'équipage lui - même; je l'ai déjà dit. Cette réponfe devroit être fuffifante, & les mêmes motifs qui m'ont fait accepter le commandement, devoient me faire adhérer à fa demande. Un refus, de ma part auroit peut-être coûté la Colonie de Saint-Domingue à la France, où il y auroit du moins produit les horreurs d'une guerre civile. Je vais le prouver..... A l'époque de ma relâche à Saint-Marc, le gouvernement prenoit les mefures les plus violentes pour diffoudre l'Affemblée Générale qui y tenoit fes féances. Un détachement devoit marcher d'un côté par le Mont Rouis, un autre alloit s'avancer par les Gonaïves, & l'Affemblée Générale fe feroit vue dans la néceffité ou de fubir la loi du gouvernement, ou de réfifter à la force qui venoit l'attaquer. Les partifans de cette affemblée s'étoient rendus en grand nombre à Saint-Marc, & pouvoient rendre le fuccès pour le moins incertain : des poftes importans bien garnis, des munitions de guerre diftribuées par-tout entre les mains des habitans, & leur réfolution unanime de fecourir de toutes leurs forces & de leur courage, l'affemblée de leurs Repréfentans, telle étoit la pofition des deux partis, lorfque le *Léopard* parut devant Saint-Marc.

Le defir de favoir des nouvelles de l'Affemblée générale & de prendre fes paquets pour France, étoit le motif qui avoit déterminé l'Equipage à y paffer. Etant donc par le travers de Saint-Marc, deux Commiffaires de l'Affemblée générale vinrent à bord pour apporter les ordres du Roi, qui avoient été interceptés aux Cayes, & nous remettre un décret de cette Affemblée. Dans fes dépêches, le Miniftre de la Marine marquoit à M. de Peynier de fe guider par le vœu de l'Affemblée Coloniale qui auroit été convoquée.

L'Affemblée Générale, par fon décret, m'invitoit à venir mouiller à Saint-Marc, où elle fe difoit menacée d'être attaquée par deux armées. Inftruite par fes Commiffaires du dénuement où fe trouvoit le Vaiffeau, elle me faifoit offrir des vivres & des rafraîchiffemens; comme je n'avois que pour quarante jours au plus de bifcuit, les vins, légumes & falaifons en très-petite quantité, & que l'Equipage ne vouloit pas en aller faire au Cap, ni au Port-au-Prince; craignant trop ces deux Ports, je pris le parti d'y aller mouiller.

Nous étions loin d'efpérer que notre préfence devant cette Ville dût y devenir auffi falutaire à la Colonie; en effet, le Vaiffeau, par fa pofition, en impofa tellement aux Troupes chargées d'enlever ou détruire l'Affemblée générale , qu'elles fufpendirent leur marche. ( 1 )

Ce fut alors que confidérant à quelles extrémités les chofes pouvoient être portées , après notre éloignement de la rade, fi l'Affemblée vouloit perfifter dans fes projets de défenfe , que j'accueillis avec empreffement la propofition qu'elle me fit de la recevoir à bord pour la tranfporter en France. J'enlevois ainfi avec elle tous les prétextes de diffentions & d'hoftilité , & l'événement (fi l'on jette un regard fur les fcènes défaftreufes arrivées à la Martinique ) ne doit laiffer aucun doute fur la fageffe de ma démarche.

Jettons actuellement un coup d'œil fur ce qui pouvoit arriver, fi je fuffe parti de Saint-Marc fans me prêter aux follicitations de l'Affemblée Générale.

Son projet , difoit le Gouvernement, étoit d'établir l'indépendance dans la Colonie. Dans

---

(1) Extrait d'une lettre de M. Couftard, Commandant en fecond du Port-au-Prince , en date du 4 Août, écrite à un de fes amis , dit : *Sur les nouvelles reçues de Saint-Marc , il ne faut plus que notre détachement qui doit partir le 5 , fonge à s'y rendre par le Mont - Rouis ; le vaiffeau le Léopard, mouillé à 150 toifes du grand chemin & le balayant de la longueur d'une demi lieue , ne permet plus de prendre cette route.*

cette hypothèfe, quels étoient fes moyens ?
ils exiftoient dans l'Ifle, ou au dehors. Ils ne
pouvoient exifter dans l'Ifle fans le confen-
tement général de la grande majorité des habitans ; car, fans cela, il feroit abfurde de
croire qu'elle eut formé le projet chimérique
& dangereux pour elle d'établir une indépendance contre l'affentiment général. Si
cette Affemblée eut été encouragée dans fon
plan par les habitans de la Colonie, il eft
probable que le Gouvernement n'eut pas été
dans cette occurrence en force fuffifante pour
s'oppofer à la volonté publique, & dans l'in-
certitude de l'événement, les ennemis de cette
Affemblée ne devoient voir fon éloignement
qu'avec plaifir, puifqu'elle abandonnoit le
champ de bataille. Ils devroient donc me
louer du parti que j'ai pris de l'embarquer.

Si cette Affemblée fondoit fon prétendu
deffein d'indépendance fur des moyens étran-
gers & contre le vœu des habitans, il ne
pouvoit furgir de cette contrariété de fentiment, qu'une affreufe difcorde, dont le ré-
fultat devoit être ou la perte de la Colonie
ou fa confervation ; mais au prix du fang des
Citoyens.

Affurément dans une telle perplexité, je
le demande, étoit-il une reffource plus cer-
taine, plus pacifiante que celle de tranfporter

en France cette même Affemblée que fes détracteurs citoient comme la feule caufe de tous les maux qui alloient fondre fur la Colonie? Je détruifois ainfi les prétendus projets de cette Affemblée, & faifois ceffer les craintes du Gouvernement. De quelque manière donc que l'on confidère la chofe, j'ai produit le bien, puifqu'enlever les prétextes de difcorde, c'eft rétablir la paix.

Je crois que cet expofé de ma conduite doit me juftifier aux yeux de mes ennemis, & je goûte la fatisfaction bien douce pour un cœur humain & fenfible, d'avoir diffipé des orages dont les effets pouvoient devenir défaftreux pour la Métropole elle-même.

J'attends avec réfignation le jugement des hommes ; mais quel qu'il foit, telle eft ma conviction d'avoir rempli mon devoir, que s'il me falloit parcourir encore les événemens par où j'ai paffé, je ne croirois pouvoir faire différemment ni mieux.

SANTO-DOMINGO.

## PIÈCES JUSTIFICATIVES.

I. « Il eft ordonné à M. Santo-Domingo, » Lieutenant de Vaiffeau, embarqué en fecond » fur le Vaiffeau du Roi, *le Léopard*, de

» refter à terre jufqu'à nouvel ordre , & ce,
» en conféquence d'une délibération prife
» par un Confeil extraordinaire affemblé, tant
» à raifon du refus de l'Equipage dudit Vaif-
» feau de mettre à la voile , que relative-
» ment à d'autres événemens très-importans.
» Fait au Port-au-Prince , le 29 Juillet 1790,
» à fept heures du foir. *Signé* le Marquis de
» la Galiffonnière.

---

*SOMMATION faite par l'Equipage à M.
de la Galiffonniere , en date du 30 Juillet
1790 , à 11 heures du matin.*

II. » L'Equipage du Vaiffeau n'ayant ja-
» mais manqué à fon Capitaine, M. le Mar-
» quis de la Galiffonniere , il eft par confé-
» quent libre de venir prendre fon Com-
» mandement, ainfi que les Officiers de l'E-
» tat-Major prendre leurs places , quoiqu'ils
» les ayent abandonnés fans aucune raifon ,
» dans un moment des plus critiques; il
» répond d'avoir pour eux tout le refpeð dû
» à leur grade, leur obfervant que fi ces
» Meffieurs ne veulent pas fe rendre à bord,
» il eft de la dernière conféquence d'élire
» un Capitaine parmi le peu d'Officiers qui
» leur refte pour conferver un Vaiffeau qui

» doit être cher à tous les bons François. »

*Signé*, HILAIRE GODAR, *Maître d'E-
quipage.*

MATHIEU SIMIER, *Surnuméraire.*
M'OMINO, *deuxième Pilote.*
JARDON, *Maître Canonier.*
BOILEAU, *idem, Surnuméraire.*
BLOT, *Maître Calfat.*
LA VOYE, *Maître d'Equipage.*
RAILLARD, *Maître Pilote.*
NOUGUÈS, *Capitaine d'Armes.*

---

III. *EXTRAIT de la lettre de M. de la Galif-
sonniere, en réponse à celle que je lui écrivois
pour l'engager à revenir à bord, en date du
30 Juillet 1790, 11 heures du matin.*

» J'ai reçu votre lettre, mon cher Santo,
» je ne me rendrai pas à bord, quoique l'équi-
» page paroisse le désirer ; j'ai perdu sa con-
» fiance, dès-lors, je ne puis plus prétendre
» à le commander. Je ne peux m'empêcher de
» donner des éloges sincères à la conduite de
» M. le Tendre, dans les circonstances mal-
» heureuses où il s'est trouvé. Je connois
» comme lui les propos qui ont été tenus à
» terre sur son compte. Je ne lui cacherai pas

» que j'ai fait quelques recherches qui m'ont
» confirmé dans le fentiment intime qu'il étoit
» un zélé ferviteur de la Nation & du Roi. Je
» fais que l'équipage du vaiffeau l'a choifi pour
» fon chef. Il eft de fon devoir d'accepter le
» commandement qu'il lui défère qu'il con-
» duife le vaiffeau en France, il aura rendu
» un fervice effentiel à la Nation, & dont cer-
» tainement elle lui tiendra compte. Je ferois
» coupable fi, en adhérant à la demande, je
» lui donnois un ordre de débarquement, qui
» priveroit l'équipage d'un chef très capable
» de le conduire.

» Quant à vous, mon cher Santo, pour-
» quoi l'équipage vous garderoit-il à bord,
» puifqu'il a choifi M. le Tendre pour le com-
» mander? J'ofe efpérer de lui qu'en réfléchif-
» fant un peu plus profondément fur le parti
» qu'il doit prendre relativement à vous, il
» vous permettra de defcendre à terre dans
» votre pays natal. Je fuis avec le plus fincère
» attachement, votre ami & camarade, *figné*,
» le Marquis de la Galiffonniere.

Au Port-au-Prince, ce 30 Juillet 1790, à
2 heures & demi du foir.

———————

*Nota.* Si M. de la Galiffonniere avoit fait
attention à la fommation ci-deffus, il auroit
vu que l'équipage le regardoit toujours comme

fon Capitaine, qu'il le prioit de retourner à
fon bord ; ce n'eſt même que fur fon refus
d'y revenir, que la néceſſité d'avoir un chef
pour le commander le détermina à s'en choiſir
un.

Je certifie que les originaux des pièces ci-
deſſus font entre mes mains.

SANTO DOMINGO.

De l'Imprimerie de QUILLAU, rue du
Fouare, N.° 3. 1791.